Colonie d'Alger.

DEUXIÈME LETTRE

A M. PASSY, DÉPUTÉ,

RAPPORTEUR DU BUDGET DU MINISTÈRE DE LA GUERRE,
POUR L'ANNÉE 1836 ;

PAR

M. Eugène RENAULT,

DÉLÉGUÉ D'ALGER,

AVOCAT AU CONSEIL D'ÉTAT ET A LA COUR DE CASSATION.

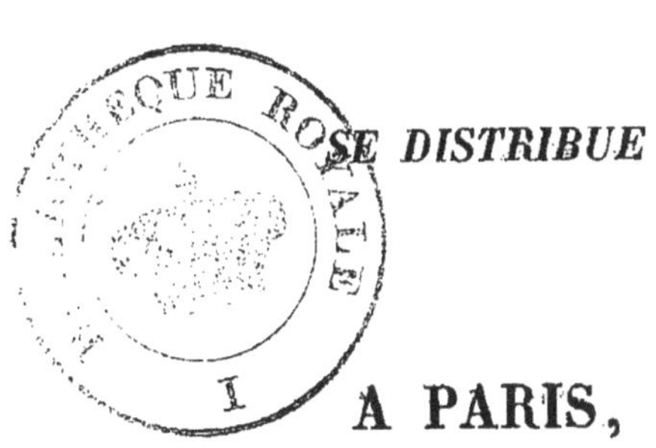

SE DISTRIBUE

A PARIS,

CHEZ LES PRINCIPAUX LIBRAIRES.

Mai 1835.

PANSERON-PINARD. — IMPRIMERIE DE L.-E. HERHAN,
rue Saint-Denis.

Deuxième Lettre

A M. PASSY, DÉPUTÉ.

Monsieur,

Dans la première lettre que j'ai eu l'honneur de vous adresser, je crois avoir posé nettement l'état de la question; je me suis efforcé de prouver que vous vous opposiez à la *colonisation* de l'ancienne régence d'Alger pour arriver prochainement à un abandon définitif de cette formidable position militaire, fruit de sacrifices énormes et d'une conquête inespérée. Le démenti que vous avez donné l'année dernière, à la tribune de la chambre des députés, à ceux qui vous reprochèrent alors d'être l'adversaire de l'occupation militaire, est devenu sans valeur depuis que dans une conférence officielle vous avez hautement avoué vos antipathies pour toute possession dans la Méditerranée; et si, dans le rapport de la commission du budget de la guerre pour l'année 1836, vous ne vous êtes opposé qu'à la *colonisation* pour vous en tenir à *l'occupation*, il est évident, pour tout le monde, que vous n'avez cédé dans cette circonstance qu'aux exigences de votre position de rapporteur, sauf à prendre votre revanche lors de la discussion parlementaire, en vous posant le champion de l'évacuation immédiate des côtes d'Afrique. Oui, monsieur, vous sortirez de *ce timide juste-milieu qui n'est qu'une évacuation honteuse ou une conservation hyppocrite, opinion bâtarde* (1) qui, aux yeux mêmes de M. de Gasparin fils, nourri de vos doctrines et professant vos principes sur Alger, *ne mérite pas même l'honneur d'une discussion.*

J'ignore comment vous accueillerez ces paroles dédaigneuses échappées à la plume d'un de vos adeptes, qui, lui au moins, a le mérite de la franchise, arbore son drapeau et sait avoir le courage de son opinion. M. de Gasparin peut être moins *habile* que vous (la franchise est, selon quelques-uns, exclusive de l'habileté politique), mais il se pose en loyal adversaire, et vous saurez suivre le noble exemple qu'il vous donne. Si les indiscrétions de ses amis n'avaient livré à la publicité la modestie de son anonyme, j'avoue que j'aurais été très disposé à vous rendre l'éditeur responsable de son livre; jamais deux hommes n'ont eu dans leurs idées une coïncidence plus parfaite : votre rapport, c'est la brochure; la brochure, c'est votre rapport. La brochure reflète jusqu'à vos expressions les plus familières, vos idées les moins connues, les plus chères, et, permettez-moi d'ajouter, les moins communes, celles en un mot qui jusqu'à ce jour ne pouvaient être revendiquées par aucun homme d'état.

A votre exemple, M. de Gasparin fait peu de cas de la puissance maritime française; il regarde la bataille de Trafalgar comme un événement qui a été sans importance sur les destinées de la France; comme vous, il voit arriver à grands pas l'époque où la France se décidera à brûler ses vaisseaux, sans doute parce que ses côtes sont baignées par trois mers. Je ne reviendrai pas, Monsieur, sur cette thèse toute nouvelle et que j'ai signalée dans ma première lettre aux méditations des hommes qui présidént à nos destinées; mais me renfermant plus spécialement dans mon sujet, envisagé sous son point de vue le plus étroit, je me propose de vous citer quelques fragmens de cette brochure que vous lirez avec un plaisir infini; car ils sont empruntés en quelque sorte aux discours et rapports que vous avez prononcés à l'occasion d'Alger. Ne croirait-on pas vous entendre en lisant ces divers passages :

(1) *La France doit-elle conserver Alger?* Brochure de M. de Gasparin fils, auditeur au conseil d'état, distribuée en avril 1835, à la chambre des députés.

Alger est une possession détestable (1), séparée de l'Europe par les tempêtes, etc., les Arabes et les Cabaïles étaient 150,000 sur le rivage lors de notre débarquement, et depuis ce temps ils n'ont jamais cessé de nous tirer des coups de fusil; à peine a-t-on pu essayer dans une enceinte de blokhaus une culture cent fois interrompue par les incursions les plus hardies. A Alger point de terres vacantes; le sol de la régence est médiocre et les récoltes obtenues jusqu'à présent n'ont pas présenté de brillans résultats. Le succès des premières plantations de sucre, d'indigo, de cotons ne paraît pas propre à encourager de nouveaux essais, etc., etc. Qui se rendra en Afrique? Ce ne sont pas les hommes considérables de fortune, de sciences, de vertus. Ce sont, le plus souvent, des gens sans aveu, des vagabonds avec lesquels les Bédouins seraient flattés qu'on les comparât, etc., etc. Les domaines achetés dans la Metidja formeraient à eux seuls, une plaine six fois plus grande !!

C'est pourtant avec ces déclamations mensongères qu'on est parvenu à jeter dans l'esprit des gens sensés quelques doutes sur la possibilité de la colonisation! Déjà j'ai réduit à leur juste valeur les armées arabes dont vous aviez énuméré les forces dans votre rapport; aujourd'hui je ne sais que dire de ces 150 mille hommes armés que M. de Gasparin a vus sur les rivages d'Alger!... Savez-vous, monsieur, que si les adversaires d'Alger continuent, ils nous donneront trop beau jeu, et que bientôt nous prendrons la liberté grande de les prier d'étudier même superficiellement les questions dont ils parlent, et sur lesquelles ils osent écrire sans en posséder les notions les plus vulgaires? Je serais vraiment curieux de savoir où M. de Gasparin fils a puisé ses documens statistiques? Il invoque les procès-verbaux de la commission d'Afrique; mais où donc dans ces procès-verbaux a-t-il trouvé ces 150 mille hommes! Pour me montrer de bonne composition je rendrai l'imprimeur responsable de cette amplification, le prote aura laissé passer à la correction un *zéro* qui n'était pas dans le manuscrit; mais comment excuser, sur qui jeter la responsabilité de cette *enceinte de blockhaus*, barrière

(1) Pages 53, 68, etc.

formidable franchie par les innombrables armées arabes? Une *enceinte de blockhaus*! M. de Gasparin est doué d'une imagination brillante, et il s'exprime avec une magnificence de langage toute hyperbolique, car il qualifie *d'enceinte* de blockhaus, six cabanes contenant chacune une escouade de soldats et un caporal, disséminées sur le territoire que nous occupons dans la plaine de Mitidja et dans le massif d'Alger!

Que signifient ces mots *point de terre vacantes*? Veut-on dire que toutes les terres ont un propriétaire? Dans ce cas, on a raison, et nous devons nous en féliciter; c'est un obstacle de moins pour la colonisation. Là où le droit de propriété existe la civilisation prend racine sans efforts; nous n'aurons aucun obstacle à vaincre pour la prise de possession des terres, et les Arabes, accoutumés à respecter religieusement la propriété, ne viendront jamais camper sur les champs ensemencés et que nous aurons acquis.

Il faut pourtant que les adversaires d'Alger renoncent à leurs argumens à toutes fins; et s'ils s'obstinent à nous opposer les assertions les plus contradictoires, afin d'avoir toujours une objection à leur service, ils discréditeront leur cause et donneront une médiocre idée de leur bonne foi. Que penser, en bonne conscience, d'hommes qui trouvent dans l'absence de la propriété un obstacle à la colonisation parce que les Arabes, peuple nomade et barbare, camperont sans plus de façon sur les champs que vous aurez cultivés, et qui signalent ensuite comme un obstacle à la colonisation la propriété, qui, ne laissant aucunes terres vacantes, place les colons dans la nécessité d'acquérir à prix d'argent? Qu'en dites-vous, monsieur? croyez-vous que cette argumentation soit loyale?

Non, il n'y a pas à Alger de terres *vacantes* et c'est pourquoi nous fondons de si grandes espérances sur la colonisation et la civilisation de cette partie de l'Afrique; mais il y a une immense quantité de terres *incultes*. Comment en serait-il autrement? ce pays es dépeuplé. La plaine de la Mitidja, qui au cinquième siècle comptait plusieurs millions d'habitans n'est pas occupée par dix mille Arabes!

Et c'est cette petite population que nos adversaires nous opposent comme un obstacle invincible! Est-ce que ces Arabes, qui fréquentent tous les jours nos marchés, ne seront pas bientôt englobés dans notre civilisation?

Dans votre rapport vous avez annoncé que des *cultures avaient été abandonnées*; vous savez la réponse que j'ai faite à cette allégation inexacte; vous savez le chiffre des cultures que j'ai eu l'honneur de vous communiquer, et je négligerais de relever ces erreurs palpables si nos adversaires ne semblaient avoir pris à tâche d'invoquer constamment des faits matériellement faux pour étayer leurs théories. M. de Gasparin développe l'assertion erronée de votre rapport; il prétend que *le succès des premières plantations de sucre, d'indigo et de coton, n'est pas propre à encourager de nouveaux essais....* M. de Gasparin est donc doué d'un sens divinateur? Comment peut-il savoir la quantité de sucre produite par des cannes qui n'ont point été exprimées? Il est fâcheux pour M. de Gasparin qu'il ignore que la végétation de ces cannes a été si admirable, si prodigieuse, qu'au lieu de les exprimer, on les a toutes employées à faire des boutures afin de pouvoir constater par une production abondante la qualité du sucre qui en sera extrait. Avant de se permettre des assertions tranchantes, on devrait au moins s'enquérir des faits et ne pas placer ses adversaires dans la fastidieuse nécessité de constater à chaque mot des erreurs qu'il était si facile d'éviter. Je ne sais, mais je vois une intention malveillante dans toutes ces allégations matériellement fausses. Que l'on se trompe sur un fait, cela se conçoit; mais se tromper sur tous, mais dire que l'indigo n'a pas réussi, que le coton a manqué, lorsqu'il est de notoriété publique que l'indigo a donné de beaux produits; que le coton est désormais la branche de culture à laquelle les colons vont se livrer avec une confiance inspirée par les premiers essais. J'ai assisté à la récolte du coton qui a été faite aux mois de septembre et octobre 1834, au jardin d'acclimatement, et je crois rêver lorsque je lis à Paris que le coton ne réussit pas à Alger! Est-ce donc un parti pris de plaider des faits *faux, matériellement faux*, je dirais presque *sciemment faux?* Est-il possible que nos adversaires, qui ont leur entrée dans les bureaux des ministères, ignorent que des échantillons du coton récolté à Alger ont été examinés à Paris par des experts qui ont fait au ministre un rapport constatant la supériorité de sa qualité? Et puis toutes ces allégations étranges sont appuyées de paroles grossières jetées à la face des colons d'Alger; les colons sont des *gens sans aveu, des vagabons avec lesquels les Bédouins seraient peu flattés qu'on les comparât!* Je sais bien que vous, monsieur, vous êtes trop bien élevé pour descendre jamais à un semblable langage; c'est une justice que je me plais à vous rendre; mais vous êtes coupable d'insinuations analogues exprimées en termes plus convenables : voilà, monsieur, comment, saisissant l'exemple que vous avez donné, un homme *considérable de fortune, de sciences, de vertus*, a abusé de vos pensées, exagéré vos expressions et est arrivé au point d'offenser (si on pouvait s'offenser d'insultes pareilles) une population tout entière qui jusqu'à ce jour n'a opposé que le mépris à tant d'outrages et d'impudence. Pour justifier en quelque sorte ce système organisé de calomnies on énonce encore un fait inexact et que la crédulité publique a en quelque sorte consacrée en France : on affirme d'un ton tranchant que *les domaines achetés dans la Métidja formeraient à eux seuls une plaine six fois plus grande!*

Si cette assertion était exacte, ce serait un argument bien puissant en faveur de la colonisation, et peu importerait alors que les terres fussent ou ne fussent pas *vacantes.* Les Européens ont acquis au plus la moitié de la plaine de Mitidja, et si M. de Gasparin n'était pas si profondément certain que le sol est d'une médiocrité désespérante, je l'engagerais à acquérir de belles fermes que les indigènes auraient beaucoup de plaisir à lui vendre ; il pourrait être assuré, en prenant des précautions vulgaires, de trouver dans ces fermes la contenance indiquée aux actes. Si un jour les adversaires de la colonie d'Alger consentent à mettre le pied sur ce sol maudit, ils rougiront plus d'une fois des assertions hasardées qu'ils se sont permises, et lorsque du haut du Sahel ils jeteront un coup-d'œil sur l'immense plaine de Mitidja, ils seront effrayés des sommes qu'il aurait fallu donner aux Arabes pour acquérir six fois ce vaste territoire. Et si aujourd'hui, qu'une partie seulement de la plaine appartient aux

Français, ils voulaient calculer le chiffre des acquisitions, ils cesseraient peut-être de répéter qu'il n'y a à Alger que des gens sans aveu.

Vous conviendrez, monsieur, que les adversaires d'Alger ne sont pas heureux dans leurs allégations; à vous la responsabilité: votre discours de l'année dernière porte ses fruits. Confians dans votre réputation de réserve et d'exactitude, ils ont pris pour constantes et avérées toutes vos assertions; adeptes de vos doctrines, qu'ils ont épousées avec ferveur, ils se sont emparés de vos allégations erronnées et ont bâti sur ce fragile échafaudage; mais il y a entre eux et vous toute la distance qui sépare le maître de l'élève.

Vous dites dans votre rapport : « *En Afrique, le nombre des malades est beaucoup plus considérable qu'en France; on l'évalue au dixième des hommes présens; mais ce nombre a été constamment dépassé; il est des momens où, sur certains points, le tiers de la garnison a été à la fois à l'hôpital,* »

Je n'ai pas les moyens de contrôler cette assertion; je la prends pour exacte. Mais on ne peut nier qu'il n'y ait dans cette phrase une habileté de rédaction et d'insinuation merveilleuses. Les adversaires de la colonisation font grand bruit d'une insalubrité de climat qui est chimérique, et cette partie de votre rapport leur vient en aide. Examinons un peu cette phrase.

En Afrique, le nombre des malades est beaucoup plus considérable qu'en France. Cela est vrai, mais seulement dans l'armée; dans la population civile, c'est le contraire. Pourquoi ne pas indiquer cette différence? pourquoi n'en pas signaler les causes? En France, le soldat ne sort pas des casernes; en Afrique, il fait un service souvent inutile à la colonisation, mais toujours très pénible; il monte la garde au soleil, et couche sous des tentes exposées à la fraîcheur produite par une abondante rosée; en France, et notamment dans le Nord, la modicité de sa solde de paix lui permet rarement l'usage du vin et de l'eau-de-vie. A Alger, il se livre à l'ivrognerie, à la débauche; et ce désordre si fatal à la santé du soldat a nécessité la promulgation d'un arrêté qui interdit aux cabaretiers de vendre du vin et des li-

qucurs aux soldats : inutile de dire l'impuissance de celle deci-
sion. A Alger, le soldat dévaste les propriétés pour voler des
figues de Barbarie, fruit aqueux, d'un goût exquis, mais fié-
vreux lorsque le soleil l'a frappé ; le soldat en fait une consom-
mation immodérée, et dédaigne les précautions prises par les
habitans pour se préserver des accidens qu'ils provoquent.

Il ne faut pas, monsieur, se borner à constater un fait : on
doit en indiquer les causes, lorsque ce fait est un argument dont
une opinion peut se prévaloir. Ainsi, il est bien certain que si
en Afrique les soldats sont malades en plus grand nombre qu'en
France, il faut d'abord en attribuer la cause à leur inconduite,
ensuite aux fatigues du service : cette conclusion est démon-
trée par l'affirmation que les Français non militaires offrent
moins de malades en Afrique qu'en France.

*Il est des momens où, sur certains points, le tiers de la garni-
son a été à la fois à l'hôpital.* On a beaucoup reproché à la
Mitidja son insalubrité. Est-ce là les points que vous voulez indiquer ? non. Vous voulez parler de Bone, de Bougie surtout,
véritable tombeau de nos troupes. Pourquoi occuper Bougie ?
qui défend cette occupation ? qui prétend que Bougie soit salu-
bre ? Mais pourquoi n'avoir pas signalé les dangers de cette
occupation ? pourquoi faire peser sur toute notre possession la
responsabilité d'une localité que nous répudions ?

Comme vous le voyez, monsieur, votre rapport est aussi
hostile par ce qu'il dit que par ce qu'il ne dit pas.

M. de Gasparin, lui, va droit au but ; on dirait qu'il s'est
nourri de la lecture du pamphlet de sidi Hamdn Kodja, cet
ennemi indigène des Français ; il signale *en particulier la Mitidja* comme exigeant de GRANDS *travaux d'assainissement. Il
faut,* dit-il , *y sacrifier beaucoup d'argent et beaucoup d'hommes,
livrés en proie à ces fièvres, qui sont mortelles sous un ciel brûlant.* Vous comprenez, monsieur, la portée de cette phrase
exagérée combinée avec la phrase plus habile d'insinuation de
votre rapport ! Je le répète, vous êtes plus difficile à réfuter
que vos élèves ; il faut saisir votre pensée au fond d'une phrase

ambiguë , tandis que ces messieurs formulent une erreur avec
tout l'aplomb d'une connaissance parfaite des choses.

Je ne prétends pas que toute la Mitidja soit d'une salubrité
miraculeuse : la vérité avant tout. Mais je soutiens que les marais que l'on compare aux fameux marais Pontins n'existent
que dans l'imagination de nos adversaires. Il y a dans la plaine
çà et là, quelques parties dans lesquelles les eaux d'hiver sé-
journent depuis que les canaux d'écoulement sont obstrués
par l'éboulement des terres. L'habitation de ces parties serait
dangereuse sans doute pendant les mois de mai et juin. Mais
il faut distinguer une insalubrité momentanée, accidentelle, qui
doit disparaître avec la cause qui l'a produite, d'une insalubrité
permanente et inhérente à la nature du climat. Or, le climat
d'Alger est d'une pureté, d'une salubrité qui ne peuvent être
appréciées que par les personnes qui ont eu le bonheur de res-
pirer cet air embaumé par les exhalaisons odorantes des plantes
indigènes, et c'est céder à des préoccupations étranges que de
parler sans cesse des GRANDS *travaux d'assainissement* exigés
par la Mitidja. Ces travaux consisteront à dégager à peu de
frais les anciens canaux obstrués par les éboulemens des terres.
Si quelques personnes à idées gigantesques ont rêvé l'établisse-
ment d'un canal de ceinture, est-ce une raison pour les hommes à idées plus positives de se lancer dans des projets de
cette nature? Les travaux à faire se réduisent à rendre aux eaux
leur cours naturel, et M. de Gasparin peut-être certain que si
les travaux sont adjugés à une compagnie au lieu d'être opérés
par le génie militaire, on n'y sacrifiera point *beaucoup d'argent,
beaucoup d'hommes ;* ils ne seront pas *livrés en proie à ces
fièvres qui sont mortelles sous un ciel brûlant.* Quand M. de
Gasparin connaîtra la configuration topographique de la plaine
de la Mitidja, il sera convaincu que ces *grands* travaux n'ont
point l'importance qu'il leur suppose, et il effacera bien vite les
phrases ronflantes qu'il publie sur les fièvres mortelles de cette
belle et magnifique plaine.

Assurément, monsieur, ces observations vous mettront en
garde contre la facilité que vous avez montrée à accueillir toutes

les exagérations contraires à la colonisation d'Alger, et vous craindrez à l'avenir de contribuer par vos insinuations à faire naître des attaques peu réfléchies contre cette possession.

Vous avez toujours parlé avec effroi des tribus nombreuses et bien armées qui nous disputent hardiment et pied à pied le sol, qu'elles regardent, selon vous, comme leur héritage. Vous avez sans cesse fait ressortir la haine religieuse, les antipathies des Arabes contre nous. Savez-vous ce que M. de Gasparin a conclu de ces faits erronnés ? il en a conclu qu'une *extermination* était indispensable. Oui, monsieur, une *extermination*, ni plus ni moins. Et, émerveillé d'une aussi admirable conception, il a poussé la galanterie jusqu'à doter de sa découverte *les partisans logiques de la colonisation*, qui selon lui, *soutiennent hautement le système exterminateur*. J'avoue que si M. de Gaparin avait été plus poli envers les colons d'Alger, moi, qui me pique d'être un partisan de la colonisation, j'aurais été peu flatté de de l'alternative dans laquelle il lui a plu de me placer; car si j'ai la pudeur de me déclarer contre *l'extermination*, il m'arrête en me déclarant que je ne suis pas *logique*; et le moyen de sacrifier la logique au système d'extermination des Arabes ? M. de Gasparin nous place dans une cruelle situation : il faut absolument que nous choisissions entre la logique et l'humanité ! Eh bien ! je me risque : je sacrifie la logique, pour ne pas devenir antropophage. Mais quel est donc le partisan *logique* de la colonisation qui a soutenu ce doucereux système ? Je serais enchanté de connaître son nom, afin de le présenter à la reconnaissance des colons d'Alger ! je parierais que M. de Gasparin l'aura oublié. Mais qu'importe ! tous ces gens sans aveu, tous ces vagabonds dont la vue fait monter la rougeur aux fronts pudiques des Bédouins sont bien capables d'avoir conçu le système *exterminateur*......

Après cette explication, j'ose espérer, monsieur, que vous nous tiendrez compte de nos bons sentimens, et que vous apprendrez avec plaisir que nous ne demandons l'extermination de personne. Nous avons même avec vos idées un point de rapprochement que je suis étonné que vous n'ayez pas encore saisi. Comme vous, nous demandons l'abolition de l'esclavage, ce grand argument contre les colonies. Alger sera une colonie sans esclaves, et le sucre, l'indigo, le coton, n'auront coûté la violation d'aucune loi de l'humanité.

Vous craignez que dans le cas d'une guerre maritime, Alger ne nous soit enlevé par les Anglais. Nos militaires ne partagent pas cette appréhension ; ils savent les difficultés inouïes d'un débarquement, et j'ai souvent entendu raconter à nos meilleurs généraux que nous n'avons conquis la régence que grace à la stupidité fanatique des Mulsumans ; au lieu de s'opposer à notre débarquement, ce qui était d'une extrême facilité, ils nous ont laissé opérer tranquillement une descente périlleuse : le chef des troupes du Dey s'écriait : *laissez débarquer jusqu'au dernier, nous les tuerons tous.*

Voilà, Monsieur, le secret de cette conquête ; mais soyez bien convaincu que l'ancienne régence d'Alger est un poste imprenable. M. de Gasparin paraît ignorer cette circonstance car il soutient que si la piraterie renaissait après notre évacuation d'Alger nous devrions nous contenter de *le bombarder ou de le prendre de temps en temps ; nous y trouverions bien mieux notre compte.* Que pensez-veus, Monsieur, de cet expédient ?...

Voilà cependant à quelles conséquences conduit votre système de non colonisation !

Ce mot de *colonisation* se représente à chaque instant sous ma plume, et je sais qu'on en abuse en lui donnant une extension que nous ne voulons pas lui attribuer. Par *colonisation*, nous ne demandons pas que l'état fasse des sacrifices et entreprenne des opérations qu'il n'est ni dans sa nature ni dans ses intérêts de tenter. Les colons veulent *coloniser* par eux-mêmes, à leurs frais, leurs risques et périls ; ils réclament du gouvernement la protection matérielle qui leur a été promise ; loin d'exiger une augmentation de l'armée, ils sollicitent le rappel en France des corps disciplinaires et des vétérans ; ils demandent que la légion étrangère soit éteinte peu à peu par des réformes que les intérêts du service et l'honneur du drapeau rendent nécessaires ; ils signalent comme convenables la dimunition de l'infanterie et 'au   mentation de la cavalerie : assurément ces réformes sont, toutes économiques. L'occupation de la Mitidja n'exigera aucune charge nouvelle, qui ne soit amplement compensée par les avantages les plus prochains ; les routes, si heureusement commencées par l'armée, qu'elles façonnent aux habitudes du travail, seraient continuées ; les petits travaux d'assainissement opérés par une compagnie, livreraient en une année à l'agriculture cet immense et fertile territoire. Les succès passés, malgré tous les obstacles qui ont été opposés aux colons, sont des gages suffisans des succès de l'avenir.

Vous savez, Monsieur, et vous ne contestez pas que le climat d'Alger soit favorable à la culture du coton, de l'olivier et de la soie. Je pourrais énumérer un grand nombre d'autres cultures, mais je m'en tiens à celles-là, et j'ai la prétention de prouver qu'en considération de ces seules denrées la *colonisation* devrait être protégée, favorisée même par le gouvernement.

On répète sans cesse : avant de songer à coloniser l'Afrique, cultivons la France.

A cela une réponse : vous n'obtiendrez jamais des terres incultes de la France (et ce ne sont pas les plus fertiles qui sont en cet état) la soie, l'olivier et le coton. On a tenté la culture du mûrier dans plusieurs départemens du Nord ; le vers réussira, mais difficilement ; les soins qu'il exigera, les bâtimens qu'il faudra construire pour le mettre à l'abri des variations atmosphériques, élèveront tellement le prix de production de la matière première, que cette industrie produira de faibles avantages.

Nos départemens du midi sont loin de satisfaire aux besoins de nos fabriques languissantes ; Lyon seul reçoit chaque année du Piémont pour une valeur de 20 millions de soie, et d'autres contrées en fournissent encore à St.-Étienne, Nîmes et autres villes menacées de perdre leur principale industrie.

Il ne suffit pas pour produire la soie d'avoir un climat favorable; il faut encore qu'à l'époque de la récolte les autres travaux des champs laissent une grande quantité de bras disponibles ; si cette récolte coïncide avec les travaux champêtres, il y a disette de bras et le prix de la main-d'œuvre atténue bientôt les bénéfices. Ce malheur arrive en France; aurait-il lieu en Afrique? non ; les cultures principales seront le mûrier, l'olivier et le coton, la soie se récoltera en mai; à cette époque, les travaux nécessités par la culture du coton sont interrompus; l'olivier ne réclame aucun soin : la main-d'œuvre sera donc à très bas prix, et les bénéfices de cette culture seront considérables.

La compagnie des Indes a fait planter récemment 20 millions de pieds de mûriers dans ses colonies. Nous aurons sur elle l'avantage du bas prix du frêt , et nos manufactures conserveront et doubleront les avantages qu'elles possèdent et qui leur échapperaient si nous ne colonisions pas Alger; nous ne pourrions soutenir la concurrence et notre fabrique serait anéantie.

Je ne crois pas nécessaire d'énumérer longuement les avantages de la culture du coton. Vous savez que la France en reçoit et en consomme annuellement pour une valeur de 80 millions ; vous connaissez l'énormité des frais de transport, et je suis bien convaincu que vous êtes trop clair-voyant pour n'avoir pas aperçu les immenses avantages que notre industrie obtiendra par la production du coton à deux jours de distance de Marseille.

L'olivier dépérit en Provence; les gelées qui s'opposent à son développement le menacent d'une extinction prochaine dans le midi de la France. A Alger, au contraire , il acquiert un développement prodigieux; c'est la terre classique de l'olivier. Vous n'ignorez pas que nous tirons annuellement de l'étranger pour une valeur de 18 millions environ d'huiles d'olives; et cependant Alger, cette colonie contre le développement de laquelle vous accumulez tant d'obstacles, fournira à votre pays ces précieuses et rares denrées!

Je ne vous parlerai ni de café, ni de sucre, ni d'indigo, ni de cochenille, ni de garance, ni de toutes ces plantes intertropicales qui exigent pour prospérer un climat plus fécond que celui de la France. L'huile, le coton, la soie, voilà trois cultures que l'industrie française doit, sous peine de mort, cultiver à Alger.

Vous combattez la *colonisation* d'Alger parce que vous êtes l'adversaire de toutes les *colonies*. Vous appliquez à cette possession les principes professé par Adam Smith et J.-B. Say. Je n'ai pas à m'expliquer sur ces principes. Mais remarquez, monsieur , que notre possession d'Afrique est moins une *colonie* qu'un *département français* : et si le mot résonne mal à votre oreille, nous sommes prêts à le rayer de notre vocabulaire. Nous serions heureux de former le quatre-vingt-septième département de France, sauf à éprouver avec la Corse le sort que vous lui réservez.

J. B. Say a développé les excellens principes d'économie politique devinés par Adam Smith. Ce sont vos auteurs favoris ; vous ne récuserez pas sans doute leur témoignage. Ils professent que les sources de la richesse des peuples sont dans la production au plus bas prix possible de la matière première ? N'est-il pas évident que les frais de navigation augmentent singulièrement le prix des matières que nous tirons des colonies lointaines ? Cet obstacle disparaît par la culture de la régence d'Alger.

L'avantage commercial n'est-il pas en faveur du peuple qui produit et exporte le plus ? Eh bien ! Monsieur, nous demandons que la France produise à Alger le coton, la soie , l'huile produits et exportés par les peuples rivaux : la population française n'est pas, je pense, assez heureuse pour que le gouvernement dédaigné de soulager sa misère.

Au reste, Monsieur , J. B. Say, qui, comme vous, s'est posé l'adversaire des colonies, a fait une plus juste application de ses principes que vous ne faites vous-même. Voici le vœu prophétique qui lui est échappé :

« Un jour viendra probablement où les états européens, plus » éclairés sur leurs vrais intérêts, renonceront à toutes leurs

» colonies sujettes, et jetteront des colonies indépendantes dans
» les contrées équinoxiales les plus voisines de l'Europe, comme
» en Afrique. Les vastes cultures qui s'y feront des denrées
» que nous appelons *coloniales,* les procureront à l'Europe
» avec une abondance extrême, et probablement à des prix
» très modiques. Les négocians qui auront des approvisionne-
» mens faits aux prix anciens perdront sur leurs marchandises,
» mais tout ce qu'ils perdront sera gagné par les consomma-
» teurs, qui jouiront pendant un temps de ces produits à un
» prix inférieur aux frais qu'ils auront occasionés ; peu à peu
» les négocians remplaceront des marchandises chèrement pro-
» duites, par des marchandises pareilles provenant d'une pro-
» duction mieux entendue, et les consommateurs jouiront alors
» d'une douceur de prix et d'une multiplication de jouissances
» qui ne coûtera plus rien à personne : car les marchandises
» reviendront moins cher aux négocians, qui les vendront à
» plus bas prix ; et il en résultera au contraire un grand déve-
» loppement d'industrie, et de nouvelles voies ouvertes à la for-
» tune. — C'est ce que Bonaparte aurait pu opérer avec les
» vastes moyens dont il a disposé. Il aurait civilisé, enrichi et
» peuplé le monde, au lieu de le ravager ; mais, pour réussir,
» une semblable entreprise devait être conçue sans esprit de
» conquête et de domination. Elle se réalisera plus tard. Une
» politique plus éclairée se gardera de mettre obstacle à l'éta-
» blissement d'états indépendans d'origine européenne, dans la
» partie habitable de l'Afrique ; car de pareils établissemens
» sont dans l'intérêt de toutes les nations. Elles seront heu-
» reuses de trouver sur les côtés de Barbarie, au lieu de peu-
» ples féroces, ennemis nés des Européens et vivant de brigan-
» dages, des nations essentiellement pacifiques et commerçantes
» comme les États-Unis, mais beaucoup plus rapprochées de
» nous et sous un plus riche climat. La Méditerranée ne sera
» plus alors qu'un vaste lac sillonné en tout sens par les indus-
» trieux habitans qui peupleront ses rives. »

Ce vœu est réalisé pour la France, et désormais les défenseurs
de la colonisation d'Alger espèrent que l'on n'abusera plus des
principes et de l'autorité des économistes qui font la gloire de

la France, pour lui ravir la seule possession qui a tous les avantages des colonies sans avoir aucun de leurs inconvéniens.

Je crois, monsieur, vous avoir démontré que vous avez parlé de l'Afrique avec trop de précipitation et sans aucune connaissance réelle des faits les plus notoires. Les erreurs que vous avez commises étaient trop matérielles et trop dangereuses pour rester sans réfutation. Le danger de vos assertions vous a été révélé par les exagérations de M. Gasparin fils. Tous ces faits rétablis, toutes ces assertions redressées, votre système contre Alger s'écroule de lui-même. Je ne prétends pas que vous soyez jamais le défenseur de la colonie, mais vous êtes assurément trop honnête pour persister dans l'allégation des erreurs que je vous ai signalées. Désormais vous attaquerez l'occupation d'Alger avec netteté et franchise, et vous répudierez, comme indignes de vous et de vos adversaires, les fantômes imaginaires que l'on a jusqu'à ce jour évoqués pour effrayer les timides défenseurs de la colonisation, assez innocens pour se laisser prendre à des piéges si grossiers. Vous inscrirez sur votre bannière ces mots : VÉRITÉ ET FRANCHISE.

J'ai l'honneur d'être,

Monsieur,

Avec une considération très distinguée,

Votre très-humble et très-dévoué serviteur,

EUGÈNE RENAULT,
Délégué d'Alger,
Avocat au Conseil d'État et à la Cour de cassation.